**Lucien Le Foyer**

# LETTRE

A MM. LES MEMBRES

DE LA

# Conférence

# de la Paix

DE LA HAYE

LE DROIT DES PEUPLES

Prix : 30 centimes

PARIS

V. GIARD & E. BRIÈRE

LIBRAIRES-ÉDITEURS

16, Rue Soufflot, 16

1899

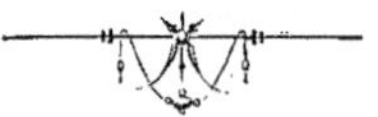

# Lucien Le Foyer

# LETTRE

A MM. LES MEMBRES

DE LA

# Conférence de la Paix

## DE LA HAYE

## LE DROIT DES PEUPLES

Prix : **30** centimes

PARIS

## V. GIARD & E. BRIÈRE

LIBRAIRES-ÉDITEURS

**16, Rue Soufflot, 16**

1899

# LETTRE

à MM. les Membres

DE LA

# Conférence de la Paix

## DE LA HAYE

## LE DROIT DES PEUPLES

MESSIEURS,

L'Europe va se juger et choisir son destin. Le droit va l'avoir pour partisane, ou la force pour courtisane. Sur le droit des peuples doit s'interroger dans toute nation tout citoyen. Les Etats ne font pas tous les jours — même discrètement — leur examen de conscience. Solennité d'un tel moment.

I

Quel est le droit ?

Il est pour les peuples ce qu'il est pour les individus. Il y a les droits de l'homme. Il y a les droits des hommes.

Consultons nos consciences.

Les hommes doivent disposer librement d'eux-mêmes. — L'homme est sacré, les hommes sont sacrés. Les personnes humaines sont inviolables, isolées ou rassemblées. L'humanité est intangible dans le citoyen et dans la nation. Les hommes sont libres individuellement et par groupes. Un peuple n'est pas moins qu'un homme; il est absurde et criminel de dénier au peuple l'autonomie qu'on accorde à l'homme. Les nations ne peuvent êtres sujettes quand l'individu est citoyen. — L'esclavage est aboli. La violence est funeste et interdite. Une troupe d'hommes libres n'est pas un troupeau. Une province, pas plus qu'un enfant, ne peut être séquestrée. L'extension comme la répétition d'un crime n'en peut être que l'aggravation. — Une patrie ne peut être en servitude, et une patrie ne peut être en conquête.

Les nations n'ont pas pour rôle d'attenter à la liberté. Les patries n'ont pas pour but de diminuer la personne humaine.

Consultons la charte de l'humanité, la Déclaration des Droits de l'homme.

Le 12 août 1789, la France proclamait : Déclaration des Droits de l'homme. Article 1er : « Les hommes naissent libres et égaux en droits. Les distinctions sociales ne peuvent être fondées que sur l'utilité commune ». Sans doute le ... 1899, le monde civilisé proclamera : Déclaration des Droits des hommes. Article 1er : « Les peuples naissent libres et égaux en droits. Les distinctions internationales ne peuvent être fondées que sur l'utilité humaine ».

Est-il même besoin d'une nouvelle formule de cette loi d'*habeas corpus — et mentem*, loi organique du monde moderne ?

Voici d'autres articles de ce texte magnifique, où tout le monde a ses droits et la France sa gloire ; ils s'appliquent rigoureusement aussi bien aux peuples qu'aux individus et aux droits des hommes qu'aux droits de l'homme ; et il semblerait qu'ils reçoivent de cette interprétation plus large une plus profonde lumière :

Art. 2 : « Le but de toute association politique est la conservation des doits naturels et imprescriptibles de l'homme. Ces droits sont la liberté, la propriété, la sûreté et la résistance à l'oppression ». — Oui, et la guerre qui viole les droits naturels et imprescriptibles des hommes est une atteinte à l'association politique. C'est un attentat anarchique. L'obus est une bombe dans la cité européenne. C'est une manifestation de la pire anarchie, non l'anarchie d'individus misérables, mais l'anarchie de gouvernements opulents. Et les militaires qui se disent conservateurs s'exposent exactement, selon les termes du droit, aux lois contre l'anarchie.

Art. 7 : « Nul homme ne peut être accusé, arrêté, ni détenu, que dans les cas déterminés par la loi et selon les formes qu'elle a prescrites ». — Oui, les hommes, c'est-à-dire un peuple, ne peuvent être accusés que devant un tribunal et dans les cas prévus par un code, ne peuvent être arrêtés, saisis, détenus qu'en vertu d'une loi. Sont nuls les prétendus « droits historiques », prescription usurpée de l'imprescriptible liberté. L'action des gendarmeries est légitime, parce qu'elle s'appuie sur une décision d'un tribunal. Qui ne voit qu'il faut le verdict d'une justice internationale, ou, tant que la justice internationale ne sera pas constituée, l'appel à un arbitrage fait par un peuple solennellement et vainement, pour légitimer l'action des armées ?

La liberté : tel est le droit.

**

L'homme est en société. Qu'est-ce que la société ? Quelle est la liberté en société ? Quel est le droit social ?

La société est l'organisation de la liberté : la liberté s'affermit en devenant un droit reconnu. Ainsi société implique liberté ; le contrat de société naît du consentement. — Mais le droit s'appelle aussi le devoir ; ton droit est mon devoir, et « la liberté consiste à pouvoir faire tout ce qui ne nuit pas à autrui ». Ainsi société implique obligation ; le contrat de société et la liberté même créent un devoir social. — Toute organisation d'hommes, toute société se définit par deux termes qui se répondent, se limitent et s'invertissent : la liberté, l'obligation. Pas d'obligation sans consentement. Pas de liberté contraire aux obligations. Tel est le droit social.

Appliquons ces essentielles et permanentes vérités au problème intérieur comme au problème extérieur, aux questions nationales comme aux questions internationales, à la définition de la cité comme à la définition de la civilisation, à l'organisation de chaque Etat comme à l'organisation de l'Europe. Il suit :

Les hommes, sous le nom de citoyens, forment librement le contrat de société — de fait, de droit et reconnu — qui constitue la nation ; ils le modifient et le dénoncent aussi librement, — sous réserve des obligations antérieurement nées de ce contrat de société.

Les hommes, sous le nom de nations, forment librement le contrat de société — de fait, de droit et méconnu — qui constitue la civilisation ; ils le modifient et le dénoncent aussi librement, — sous réserve des obligations antérieurement nées de ce contrat de société.

*

Précisons.

Précisons d'abord la liberté et l'obligation des citoyens dans la nation.

Les citoyens — individus, collectivités, villes, provinces —
ont des obligations de toutes sortes vis-à-vis de la nation :
obligations morales et juridiques, devoirs et dettes, respect
des lois et règlements, servitudes, impôts de sang, de temps
et d'argent, etc. — Certes, c'est là une des deux manifestations de l'état social de nation (langage du fait), une des
deux lois organiques du contrat social de nation (langage
du droit).

Mais il y a, selon le fait un autre aspect de l'état social
de nation, selon le droit un autre principe du contrat social
de nation : Pas d'obligation sans consentement. Il serait
bon qu'on n'oubliât point la fondamentale liberté : le droit
de consentir ou de rejeter le renouvellement du contrat de
société. Les obligations du contrat de société s'imposent ;
le contrat même ne s'impose pas. Il est de l'essence de
l'autonomie d'être inaliénable. La liberté ne peut se lier que
temporairement. La personne humaine ne peut être enga-
gée irrévocablement. L'homme peut se louer à l'homme,
non se vendre ; le citoyen peut se louer à la patrie, non se
vendre. La patrie est un créancier, non un maître. La nation
est une « société » où l'assemblée générale des citoyens est
souveraine. Le droit de plébiscite national est imprescriptible. A chaque instant s'exerce le droit d'autonomie.
« L'existence d'une nation, a dit Renan, est un plébiscite de
tous les jours ». Tous les jours en fait ? Non évidemment.
Mais tous les jours en droit. Le plébiscite national conclut
ou prolonge le pacte national pour la durée qui lui plaît,
toujours limitée. Un nombre convenable de citoyens peut
provoquer un plébiscite extraordinaire. Le pacte peut se
renouveler par tacite reconduction. Droit de consentement
qui pourrait n'être exercé jamais, mais ne serait jamais
caduc. Un vote ne peut abolir à jamais le droit de vote.
L'urne où est le passé ne peut se substituer à l'urne où est
l'avenir.

Droit du citoyen, corollaire immédiat des droits de
l'homme. Droit des hommes ; droit des citoyens. Droit des
communes, droit des provinces, droit de tout groupe
d'hommes dans la nation. Liberté individuelle, liberté
citoyenne, liberté provinciale, liberté, d'un mot général,
collective. Un exemple : Qu'une province veuille se séparer
d'une nation. La nation n'a pas de droit de propriété sur la
province, territoire ou habitants ; la terre n'est pas frappée
d'une servitude, l'homme n'est pas flétri d'un servage. Une

hypothèse : Que les Bretons veuillent se séparer de la France. L'homme est libre, la terre est libre. La terre suit l'homme libre, c'est la maxime de l'ère affranchie ; la glèbe retient le serf, c'était la maxime de l'ère esclave. Le territoire de Bretagne ne saurait être à la France, c'est-à-dire à l'Aquitaine, à la Bourgogne, à l'Artois, au Berri, à la Champagne, à tout le monde, sauf aux Bretons qui en possèdent, individuellement presque tout le domaine privé, collectivement presque tout le domaine public. Le sociétaire qui démissionne, libéré de ses obligations, retire son apport. Une province n'est pas un « membre » d'un « corps » de nation, selon un matérialisme grossier et un sophisme tyrannique. C'est un participant d'une société, c'est une volonté, c'est une âme. — Autonomie à tous les degrés de l'échelle sociale, du consentement unanime qui est la nation au consentement unique qui est l'homme. Poussons à l'extrême : Chaque homme pourrait s'appeler nation.

Tel est le droit de liberté, dont la simplicité salutaire nous surprend et nous trouble, habitués que nous sommes à la tyrannie administrative et centralisatrice, républicaine ou monarchique. — Tel n'est encore qu'approximativement le fait. Présentement, on limite arbitrairement le droit d'autonomie des groupes d'hommes. C'est-à-dire : on sacrifie les minorités aux majorités. Et cela s'entend : Le problème intérieur ou des provinces dans l'état est le même que le problème dit extérieur ou des états dans la civilisation ; et la solution ici et là n'est guère différente. Ici le « droit de conquête », là l'oppression administrative ; ici le despotisme violent, là le despotisme patient. Et la conquête amène l'oppression ; le soldat prépare le bureaucrate ; l'état vaincu devient province annexée ; le problème extérieur s'appelle problème intérieur. En fait donc, présentement, on répartit géographiquement les plébiscites nationaux ; on dispute aux groupes d'hommes le droit de consentement à la patrie ; on mesure, en tâtonnant, aux majorités le droit de retenir de force dans le lien national les minorités. Mais cette mesure progressivement s'amoindrit, diminuera à l'infini, vers le droit.

Répétons toutefois que le contrat de société ou pacte national ne peut être modifié ou dénoncé que réserve faite des obligations qui en sont nées antérieurement. On a indiqué la liberté ; il faut mentionner l'obligation.

Les obligations, — à l'expiration du contrat de société,

devant une réponse négative au plébiscite national, — font l'objet d'une liquidation. Les obligations inexécutées, lors de l'expiration normale ou du terme anticipé du pacte national, donnent lieu à la résiliation.

Liquidation de société : Bilan des dettes et des créances ; partages ici, indivisions, au moins temporaires, ailleurs ; indemnités pour les engagements dont l'exécution est en retard, etc.

Résiliation : Estimation et balance des obligations réciproques, matérielles et morales ; indemnités pour les préjudices subis, etc.

Ainsi se formule, semble-t-il, la loi des nations selon les droits de l'homme. — Une objection aussi vaine qu'inévitable s'impose à la réfutation. Ne faut-il pas craindre, dira-t-on, la dissolution des patries, le sacrilège funeste des dispersions, l'émiettement des volontés ? — Non. Toute nation qui est vivace et saine a une force de cohésion, matérielle et spirituelle, territoriale et psychique, un corps et une âme. Toute nation que désagrégerait la volonté de ses citoyens se prouverait malsaine et morbide ; toute nation qui n'est pas viable se prouve monstrueuse. La désertion des vraies patries par les citoyens libres, les provinces libres, hypothèse misérable, épouvantail ridicule. La liberté du citoyen trouve en elle-même des déterminations physiologiques et morales. La patrie naît du consentement, mais aussi l'inspire. Le contrat de société se fonde sur une consubstantialité. Le contrat de conscience — exprès ou tacite — est mêlé d'une adhésion d'instinct ; le présent s'appuie sur le passé ; les frontières et la race, la géographie et l'histoire puissamment conditionnent la volonté ; et la tradition (cet instinct mental) et l'instinct (cette tradition physique) plaident pour le passé. Mais la conscience présente est le seul juge. On outrage et on corrompt le patriotisme en le saluant instinct ; il le faut proclamer conscience.

*

Précisons maintenant l'obligation et la liberté des nations dans la civilisation.

Les nations, — unitaires, fédérales, confédérées, principautés, royaumes, républiques, — ont la fondamentale liberté : le droit de consentir ou rejeter le renouvellement du contrat de société — de fait, de droit et méconnu — qui constitue la civilisation. Pas d'obligations sans consentement exprès ou tacite à une situation de droit ou de fait. — Certes, c'est là une des deux manifestations de l'état social de civilisation (langage du fait), une des deux lois organiques du contrat social de civilisation (langage du droit).

Mais il y a, selon le fait un autre aspect de l'état social de civilisation, selon le droit un autre principe du contrat social de civilisation : Pas de liberté contraire aux obligations. Il y a pour les nations des obligations nées du consentement tacite à la situation de fait qui se nomme civilisation. Il y a, selon toutes les consciences et selon tous les codes, selon la loi de toutes les consciences et selon la conscience de toutes les lois, des obligations qui s'imposent aux nations. Il existe entre les peuples des liens moraux et juridiques, naturels, infrangibles, impérieux, tutélaires, permanents, sacrés.

Liens de morale (cette loi que sanctionne la conscience). Liens de droit (cette morale que sanctionne la loi).

Et la première, la plus évidente, la plus salutaire et la plus fréquente de ces obligations est celle-ci :

Nul ne peut se faire justice à soi-même. Il n'y a de droit que devant un juge. L'emploi de la force caractérise l'anarchie anti-sociale. La nation qui s'enfuit dans la violence fait, à l'égard de ses engagements vis-à-vis de la civilisation, une banqueroute frauduleuse. La civilisation implique cette obligation : l'arbitrage. Tout évènement posant une question de nationalité, — c'est-à dire à l'extérieur toute atteinte répréhensible ou toute modification légale au pacte international (comme à l'intérieur toute modification légale au pacte national, en cas de différend), — sera jugé par un tribunal international, qui fixera les droits et les devoirs, les créances et les dettes, les libertés et les engagements, les moyens, conditions et indemnités. Comme entre les individus le tribunal civil, entre les peuples le tribunal de la civilisation. L'arbitre international mérite dans la civilisation le titre obscur et magnifique que porte un humble fonctionnaire dans la cité : « juge de paix ».

Tel est le droit.

## II

Il n'y a pas d'espérance hors du droit.

Hors du droit, pour tous les peuples, c'est l'indignité morale, c'est le péril matériel.

C'est l'indignité morale. — Quelle plus grande déchéance

que d'être hors du droit ? Mieux vaut être vaincu par la force que rejeté par la justice. Ce qui est pire que d'être dépouillé du fait une fois, c'est d'être dépouillé du droit pour toujours. Pour un peuple, s'anéantir, c'est précisément s'évanouir dans le vertige de la violence et retomber dans l'abime de la tyrannie, car c'est déchirer le pacte national, car c'est perdre l'âme de la patrie, faite de liberté, composée avec les droits de l'homme.

C'est le péril matériel. — C'est la vie précaire. Car c'est la paix durable impossible. Car la paix ne peut venir de la guerre. La guerre engendre la guerre : toute l'histoire tristement en témoigne. L'usage crée le besoin et le besoin l'occasion. Les traités ne font que reconnaître et sanctionner la guerre. Le traité est une guerre latente, une invasion incessante. Traiter, c'est maltraiter. Le traité est souvent la traite. Le traité est souvent, (le droit d'option étant illusoire), la traite des blancs en masse. La paix ne peut se fonder que par elle-même et selon les lois de sa nature : La paix ne peut venir que de l'apaisement, l'apaisement du consentement, et le consentement du droit... La paix ne peut venir que du droit. A moins qu'elle ne vienne de la mort. Seuls les morts ne se réveillent pas. Et les peuples sont lents à mourir. Par toute l'Europe, des peuples au nom enseveli se soulèvent de leur tombe, sentant, après le verdict des batailles, l'heure du jugement dernier, — qui est la justice. Un seul exemple : Qui ne voit que l'Irlande a remporté de grandes victoires ? Elle a conquis le « home rule » dans l'esprit d'un certain nombre d'Anglais. Elle a vaincu, — c'est l'exacte formule des choses —, les grands penseurs de l'Angleterre.

III

Il y a espérance dans le droit.

Oui, toutes les espérances. C'est-à-dire : pour tous les peuples, la conscience et l'intérêt, l'idéal et le réel, le moral et le positif, et, — surtout pour les peuples lésés ou asservis —, la dignité dans le présent et la satisfaction dans l'avenir.

*<br>* *

Pour tous les peuples — et principalement pour les spoliés —, le droit, c'est la dignité dans le présent.

En effet :

Pourquoi le vaincu serait-il humilié, quand il a la conscience ? La possession de la justice console de la perte de la victoire, consolation magnifique. La victoire est méprisable (elle est dans l'ordre de la force). La conscience est sublime (elle est dans l'ordre du droit). La faiblesse est forte, qui est égale à la justice.

Et le droit se prouve par la paix. La paix est le témoin du droit. Le droit rejette les armes ; le droit demande au monde s'il y a des juges. Car le droit ne veut pas se renier lui même ; le droit ne veut pas vaincre par la force : la justice ne triomphe que quand elle est consentie ; le droit qui tire l'épée se suicide ; la justice qui appelle la force rencontre la banqueroute.

Et la dignité est avec la paix, car la dignité est avec le droit. Chez ceux auprès de qui la paix est en honneur, chez ceux-là l'honneur est en paix. La paix est la dignité, sera la gloire.

*<br>* *

Pour tous les peuples — et principalement pour les spoliés —, le droit, c'est la satisfaction dans l'avenir.

En effet :

Par maintes certitudes. Je n'en rappellerai que deux :

*

Il est impossible que se maintienne la dissemblance de la politique extérieure et de l'économie politique.

La politique extérieure est arrêtée devant des difficultés que l'économie politique a résolues. Les hommes d'affaires instruisent les hommes d'état. Le commerce fournit des solutions à la diplomatie. L'ingéniosité du ventre impérieusement éduque la timidité de l'esprit. L'économie politique permet, établit, assure l'arbitrage entre nations.

Qu'objecte-t-on, en effet, des deux côtés de toutes les frontières ? On dit : Certes, jouir du droit, de la morale et de la paix, désarmer et recourir, le cas échéant, à une justice, qui le désire plus que nous ? Oui : Remplacer l'arbitraire de la guerre par l'arbitre de la paix. Mais désarmer, c'est s'exposer. Désarmer le désintéressement, c'est armer la convoitise. Le désarmement sans garanties est une duperie. Le désarmement avec garanties est une duperie et une vexation. Qui m'assure de la loyauté de mon voisin ? Me soumettre, aveuglément et en tous cas, à la décision arbitrale est ingénuité. Qui m'assure de la loyauté de ma partie ?

Il faut répondre :

Tout le mal vient de la défiance. Tout le bien viendra de
la confiance. La base de la société du moyen-âge fut la foi
divine. La base de la société moderne est la foi humaine. La
foi a un nom moderne ; et ce nom est une révolution : le
crédit. Le crédit a révolutionné les rapports des individus ;
il révolutionnera les rapports des peuples. Nous avons le
crédit financier ; il faut avoir le crédit politique. Etrange et
passagère inconséquence : Des hommes ont assez de confiance dans un peuple pour lui confier leur fortune mobilière en souscrivant ses emprunts ; ces hommes ont assez
de défiance envers ce peuple pour craindre qu'il ne leur
vienne prendre leur fortune immobilière et voler cette terre
même qu'ils ont sous les pieds. Résultat : La confiance,
dans le premier cas, rapporte un intérêt annuel ; la défiance,
dans le second cas, coûte annuellement un formidable
budget de la guerre. Et chaque peuple raisonne ainsi, ou
déraisonne. Examinons. Dans l'obscurité des sociétés anonymes, les particuliers confient à des hommes qu'ils ne
connaissent point leur fortune mobilière, leur subsistance
individuelle et familiale, leur indépendance économique, —
ils se confient en remettant leur argent même entre les mains
de l'étranger. Au grand jour de la société internationale,
les états confieront aux autres états qu'ils connaissent leur
fortune immobilière, leur subsistance nationale, leur indépendance politique, — ils se confieront en « désarmant »
simplement leur territoire, qu'ils conservent. Et comme ce
fut, par le crédit, la merveille du développement des individus, ce sera la merveille du développement des nations.
Il suffit, pour féconder les choses, du consentement des
hommes.

*

Il est impossible que se prolonge l'antagonisme de la
patrie et de la morale.

L'homme, ici et là, derrière les frontières, est en proie à
cette contradiction intérieure : Comme individu aimer la
justice, comme patriote aimer la force ; comme individu
détester le vol, comme patriote honorer la conquête ;
comme individu exécrer le meurtre, comme patriote révérer
la guerre. Homme, il protège les hommes faibles ; peuple,
il asservit les peuples faibles. Homme, il apprend à répu

dier l'amour-propre, la vanité, la colère, la haine, la vengeance, la ruse, l'espionnage, la violence, l'avidité. Peuple, il apprend à épouser l'amour propre, la vanité, la colère, la haine, la vengeance, la ruse, l'espionnage, la violence, l'avidité. Homme, il s'emploie à calmer cet égoïsme nominatif, responsable et mesuré, qu'est l'ambition. Peuple, il s'emploie à tuméfier cet égoïsme anonyme, irresponsable et démesuré, qu'est le patriotisme. Homme, il est conscience ; peuple, il est instinct. Drame de la morale et de la patrie dans l'âme du citoyen. Duel, dont l'issue terrible tient suspendues la vie de l'homme et la vie du peuple, toute la vie humaine.

Résultat ? Ceci ou cela : l'échec de la vraie morale ou la défaite du faux patriotisme, l'ignorance du bien et du mal ou l'éducation de la patrie, la justice partout triomphante ou partout traquée, et le règne du droit ou la tyrannie de la force.

Ou la patrie à politique de violence et d'iniquité vaincra la morale. Et ce sera, sauf en quelques âmes solitaires, le dessèchement de la morale, malgré la vanité des cérémonies l'avortement de la justice. L'homme dit : Comment voulez-vous que moi, individu borné et médiocre, j'institue la solidarité et j'observe la justice dans d'obscures et complexes relations avec quarante millions de concitoyens, quand l'état, personne haute et puissante, n'institue pas la solidarité et n'observe pas la justice en de rares et claires relations avec quinze nations concitoyennes ? Et les états né luttent que pour le pouvoir, les hommes luttent pour la vie. Et pesez cette autorité : la patrie. La patrie repousse la morale, reconnaît la violence, ne croit pas au droit, croit à la force. Quelle honte accable la morale, ennemie de la force, la morale perdition de la patrie, la morale anti-patriote ! La patrie adoptant la violence et la ruse dans sa vie internationale, vous voudriez que le patriote, rejetant la violence et la ruse, condamne la patrie ? Voyez que la patrie commande au patriote l'iniquité et le mensonge. D'ailleurs, comment la morale serait-elle bonne, puisque la patrie n'en veut pas ? Comment la morale ne serait-elle pas duperie et danger puisqu'il faut l'écarter de cette arche sainte : la patrie ? Ou la morale est le devoir et le salut, ou elle est la chimère et la perdition. Ou il faut régler la politique, cette éducation du patriote, ou il faut dérégler la morale, cette éducation du citoyen. Si vous niez que les patries doivent s'instruire de la morale et du droit, si vous les laissez errer, voler et tuer à travers le monde, alors fermez les écoles, laissez les enfants errer dans l'ignorance, fermez les tribunaux, laissez les hommes errer dans l'instinct, fermez les universités, laissez les pensants errer dans l'esprit. Conquêtes territoriales sans doute que le triomphe de ce patriotisme, défaite morale. Gain d'une terre étrangère, perte de l'âme de la patrie. Accroissement de force matérielle, amoindrissement de cette force : la force morale. Ruée triomphante de l'instinct. Pâle agonie de la conscience. Krach de la morale. Banqueroute du droit...

Ou la morale de justice vaincra la patrie de force. Le patriote écoutera le citoyen. L'instinct se lèvera vers la conscience. L'unité sera rendue au cœur humain. L'homme, crucifié sur la contradiction de son cœur, refermera sur la morale et la patrie ses bras décloués dans un sublime embrassement. La société civile viendra allumer dans la société internationale les lumières de la justice. On verra ce spectacle : les patries sortant de l'ordre de la force pour entrer dans l'ordre du droit. Les questions internationales ne seront plus seulement des points d'honneur, mais des points de droit. Les peuples n'apporteront plus dans les différends ces sentiments qui poussent à la guerre, mais ces sentiments qui mènent en justice. Il s'étendra aux relations extérieures ces états d'âme et ces états de choses déjà anciens dans les relations intérieures, et positifs essentiellement : le consentement à la loi, le respect du juge, une morale, un code, des tribunaux, des gendarmes. A y bien songer, dans une minute impartiale, ce qui est inintelligible, c'est qu'un état juridique, qui existe entre les individus, n'existe pas entre les peuples. Comment les peuples sont-ils tombés au dessous de la moralité moyenne des citoyens ? Mais le principe intérieur commande et détermine la loi extérieure. La question sociale conditionne la question internationale. L'avenir humain a besoin de l'étreinte des races. L'espèce humanité enfante le sentiment humanité. Le progrès répand la justice. L'âme réforme le monde. Et te voilà éclairée et élevée, ô Patrie ! Derrière ta fausse politique, ton âme véritable a « transplendi » ; derrière l'apparence extérieure, la réalité intérieure s'est faite triomphalement manifeste. C'était un cauchemar, l'horrible duel de la patrie et de la morale. C'était un mensonge que la politique fût condamnée à errer hors de la morale. Quand la morale est faite pour nous enseigner la paix et l'amour, la patrie n'était pas faite pour nous enseigner la guerre et la haine. Nous serions-nous mis à quarante millions pour avoir un égoïsme collectif ? Serait-ce pour chaque homme une excuse aux meurtres commis par sa patrie que d'avoir quarante millions de complices ? Avons-nous les arts, les sciences, les institutions, les lois, les religions, les efforts de millions d'êtres et de millions de minutes, pour en faire cette misère : une politique de violence et d'avidité ? Est-ce que toute l'infinie aspiration humaine peut aboutir à une conduite animale ? Est-ce que nos patries peuvent sortir de l'immense trésor des traditions et de l'immense creuset des espérances, comme des fauves quittant des tanières, pour se surprendre et se déchirer, à grand bruit de crocs et d'haleines, aux coins sombres des continents ? Faire expirer la morale aux frontières, corrompre la morale dans les frontières, était tu ce crime, ô Patrie? Ton âme crie la justice. Tu es le droit et la liberté, la solidarité et la paix. Et purifiée de ta gloire dérisoire, tu vas être accueillie du culte pur. On ne t'offrira plus l'holocauste de sang humain, aux champs noirs de la bataille, dans la coupe profonde des vallées ou sur le large autel des plaines. Et tu n'inspireras plus le fétichisme aux mains sanglantes, mais la religion aux mains candides ; et tu vas être divinité, n'étant plus idole...

L'avenir écoute attentif dans la salle de vos délibérations, Messieurs. Les peuples vous regardent fixement. Ils vous considèrent non comme une Conférence territoriale, mais comme une Conférence morale, quelque chose comme un concile religieux et un congrès scientifique où la morale ancienne s'élabore en droit moderne. Vous voudrez bien sans doute lire dans le regard et le désir du peuple. C'est-à-dire que vous voudrez bien deviner et agréer le prochain siècle: Il remplacera l'invasion guerrière des territoires par la pénétration pacifique des esprits. Quels continents, les âmes !... Vous aurez, Messieurs, la conscience habile : Vous vous souviendrez qu'après le soldat vient le légiste. Vous comprendrez que la paix est la carrière de l'avenir.

LABEUR
VIE
JOIE
RICHESSE
LA LABORIEUSE IMP.